SILENTE

SILENTE

Sandra Santos

Poesia

1ª edição, 2021 / Lisboa / São Paulo

LARANJA ● ORIGINAL

www.laranjaoriginal.com.br

Edição Filipe Moreau
Design Marcelo Girard e Javier Chavelas
Produção executiva Bruna Lima
Diagramação IMG3

DL: 488706/21

Dados Internacionais de Catalogação na Publicação (CIP)
(Câmara Brasileira do Livro, SP, Brasil)

Santos, Sandra
Silente : poesia / Sandra Santos ; [tradução Mario Rodríguez García]. – 1. ed. – São Paulo : Editora Laranja Original, 2021.
Título original: Silente
ISBN 978-65-86042-17-7
1. Poesia portuguesa I. Título.
21-68230 CDD-869.1
Índices para catálogo sistemático:
1. Poesia : Literatura portuguesa 869.1
Maria Alice Ferreira - Bibliotecária - CRB-8/7964

Laranja Original Editora e Produtora Eireli
Rua Capote Valente, 1198
05409-003 São Paulo SP
Tel. 11 3062-3040
contato@laranjaoriginal.com.br

I

uma aldeia por entre a névoa
da madrugada
a luz do poste elétrico
fundida
diante da paisagem
repouso o meu peito
espreitando à janela
as figurações
dum quase morte em chama
do que ainda tem pulsação
à procura do que é seu
ou dum alguém
(difuso
etéreo)
só pó
só recordação

luzinhas brilham intermitentes na noite
sinalizam a solidão
dessa aldeia pessoal e intransferível
quantos milénios foram precisos
para acharmos o nosso lugar
o pedaço de terra que é nosso por inteiro?
lá
habitamos uma casa
com grandes sacadas
para outras casas

um grande corredor
atravessa a casa
sem passos
sem vozes
sem a família
nesse túnel
a noite e o corpo
o que está interdito
na imagem
na recordação da imagem
no esquecimento da imagem
um grande vazio
invade a fala
mas num segundo
a palavra preenche
prolonga
o nada

o bicho da madeira
corrói no silêncio
da família

só
com o rumor de mim

quem me deixou ao relento
aos dois anos de idade?
a memória escorre
amor sobre as feridas
quem me ensinou a sonhar?
de que voz me falam
que no ventre encerro
um nado-morto
a quem aludem os ancestros
com uma oferenda
ao menos um pouco de paz
um punho contra o plexo
o compasso de anos e anos
com um pé na infância
e outro no futuro

há morte muita morte
nos gestos
no ventre
na fundura
que não alcanço
porque me detenho dobrada
sobre a infância
todos os dias
rememoro o estio
combatemos sempre
donde desertámos
o corpo é o caudal
nas minhas mãos
as fissuras

mergulho na memória
como um falcão na noite
estou na cama
protegida do mundo
e fora da casa
sopra um vento negro
tão negro
que se confunde com os bosques
(com os próprios homens)
a morte amansa
e enrodilhada nos lençóis
trauteio um cântico
para fixá-lo
nos vários estágios do sono
onde um ponto de luz
aguarda
bruxuleante
por um novo dia

II

nesta manhã de domingo
há fios áureos
atravessando os meus olhos
ainda enleados
o esqueleto de sábado
nutre-se hoje de deus
por todos os orifícios
escuta-se um cântico
que enrijece o meu andar
ainda a medo
em direção ao futuro
deste mesmo dia

talvez a dança nos devolva os passos que demos para trás
e o mundo silencie mundos
nesta casa
o vidro emociona-se
tal a vida dentro
olhamo-nos e já somos outros

quem disse que seríamos farinha e poção?
o palco é a confirmação do teu corpo
sobre o teu corpo
a cada gesto
o ar é cheio de si mesmo
polimos a noite para inventarmos
o toque
couraça que já não serve
e só as estrelas perguntam o teu nome

estendo-me ao sol
e aloiram meus pêlos
toda a pele se amacia
e meus pés se procuram
nesta tarde-estio

a cara magra contém memória
mansidão
lá fora
os homens laboram a perda
saberão lá eles por que
exercitam a liturgia dos caminhos

neste fim de dia
a caneta é uma seta
apontando o presente
e já dentro
tudo mudou

hoje
a voz não quer nada
maior que o poema
hoje
a voz está só
entre a multidão

à lonjura da estrada vigiamos:
– além quem vem?
socráticos são os métodos dos poetas
ou de quem espera
a abundância ao invés do lume
primeiro na fonte
por último na noite

sem rimas de que viveria a sublimação
a repetição?

cientes do belo
somos passageiros
não vamos sós

na paragem de autocarro
montamos os versos
inteligimos os mistérios
mais voraz
a deambulação
a criança de dentro
alternando em sonho e sageza
quanta familiaridade na folha
na palma da mão
também os seres saltitam
de interrogação em interrogação
é a História mais poderosa do que o agora?
é a História mais poderosa do que esta história?

naquele convento
várias bocas entoavam liras
seremos nós capazes de intuir
o fulgor do canto?
muitas histórias precedem-nos
e ao violino importa a precisão
somos mais a cada nota
– couraça confessando o sorriso
de quem lançou a chave
ao infinito
vários olhos fitando:
será que acedemos
ao avesso do silêncio?

ser um buscador
em haver urgência
há vida
em buscar o que lhe é devido
já em si   treme a luz de outroras
também a beleza fere os olhos
daquele que dorme
ousarei abrir o que ensona?
todo o meu corpo tresanda
meus sentidos à solta
se encimam
– todo o criador é um caçador

ousara ser simples
como o vento
que passa pela árvore
e a agita suavemente
insondável é
o movimento dela
adentrando no real
talvez eu habite
no interior do tronco
e me vá alteando
sem ciência
e assista ao baile de duas vespas
ao acasalamento de dois pirilampos
à maternidade do ninho
à multitude da cor
ao voo sem retorno
à beleza por si só

a minha obra quer morar no real
intervalando na magia
a minha obra quer penetrar o mundo
delicadamente
perguntar se a reconhecem
oriunda de longe
como as águas e os ventos
a nutrição das palavras
a justiça
a infinitude
a minha obra quer provocar dilemas
nos homens
recriando o modo de olhar
o outro-eu
a minha obra quer manter
verticais os sentidos
os sigilos do poeta
a minha obra quer o que todos querem:
a tua atenção
por isso
recolho-me
numa folha aleatória ao sol
e sou o que a poesia quiser
que eu seja

III

volta um pensamento de amor
ao coração cansado
num corpo que não recorda
a sua eternidade
o homem que sonha
extravasa as costuras
resvala sobre outro corpo
sutura e perscruta
é o vento
caminha até à fé
e cimenta a beleza,
volta um pensamento de amor
que fixa sobre o cume
o nome que damos às coisas
sombrio e intocável
à margem do que suspeitamos
ser ainda mais belo

os corpos se atraem
antes de qualquer sabedoria
os sentidos se apuram
para a grande madrugada
mas a mente trai
e o medo trucida
todo e qualquer pensamento de amor
somos menores
não nos atrevemos
perante o precipício
as máscaras não nos permitem voar

a morte é a essência do perfume
que você coloca todas as manhãs
nos pulsos e no pescoço
deixando que ela demore e vire moda
a morte desfila
distraidamente
sob os seus óculos escuros
o segredo e a denúncia
– quem a visse de perto
saberia que a sua alma
está mascarada pela morte,
naquele dia
especialmente
você passou na rua
e a sua sombra pingava
uma
luz
cada
vez
mais
densa
e imortal

o rouge do seu batom me inquieta
não há noite em que não pense em si
é um erro estético
que a possam ler à luz
do sentimento

ninguém pode desmentir
a ternura
a ardência da viagem a solo
ninguém deve senão invocar
a morte trepando a um farol
uma mulher imaginando
várias vidas
ninguém quer ancorar
um barco
no peito

o seu rosto se espelha
na palavra
– a origem do estilo
o seu rosto é já
o outro lado da magia

a sombra da sua mão
desvenda
uma luz grotesca
como quando falamos
e as faces do mundo
se ruborizam
à sua chegada

a vénus faz dançar as labaredas
sobre o corpo amado
a vénus faz reverberar as ervas
e espraiar o espanto
a vénus faz parecer simples
amar
a vénus funda uma alegoria
de vida após vida
– o que pode uma vénus
rodeada pelo (próprio) fogo?
ninguém sabe
mas o desejo sempre inventa
um porto
onde ancoram muito barcos
milhares de almas

ouço o alarme do farol
numa parte de mim
que ainda é silêncio
cubro-me de nevoeiro
e oculto o mural
de muitos mundos
noutra parte de mim
já flutuação

faço gestos a contraluz
e pelas costas
alguém me toca
(quem parte está sempre a voltar
em sonhos)
quem és tu que se afasta no barco?
– sou a tua sombra

mutilo as mãos e jorra
um líquido azul-celeste
confundindo o espaço-tempo
os pés evaporam
e tudo o resto é o éter
a dissolução

as sereias sussurram uma melodia
através da mareagem
como escutá-las por entre o oceano?
todas as frases contêm profundezas
não abdico do que é difícil
– vês-me?
sou o desejo esfumando-se
por entre os teus dedos

horizontal
onde a brancura é maior do que eu
a que cosmos pertenço?

o mundo é a mente ampliada

não consigo respirar
não preciso
sou vibro sinto sei

o silêncio é a respiração

como fazer para deixar de ver espelhos?
agora sei: branco-opaco

por entre as falas
quantos silêncios
intentam lonjura?

sei, hoje sei, não há véus
branco branco branco
despeço-me
imerjo

deito-me
dissolvo-me
até não me distinguir
da escuridão
todo o astro deixa um rastro
impossível de cessar
sacudo os sedimentos para o poema
e misturo-os
perdendo o pulso ao futuro
tomara um dia ser eu o fóssil
que não sabem se foi cabeça
se coração
se ambos

tudo é indecifrável
ficasse ao menos uma pedra
sinalizando o pulso à terra

IV

após a negritude
já nada importa
resta a carne do agora
[as mortes
em partes
de mim]
cintilam pontos
geograficamente
vivos
o rio avança
pelas minhas costelas magras
os campos fenecem
o sagrado mingua
os lugares repetidos
são tudo o que temos

de vagão em vagão
o púrpura penetra-nos
lá longe
as nuvens parecem montanhas
quantas casas quantas coisas
nem ao poema cabe explanar
ao oculto o oculto
os velhos brincam as crianças maturam
no útero da terra
sinto o estremunhar de mim

as paisagens canadenses
são nítidas
como os pensamentos dos passageiros
deste trajeto porto-barcelos
a partida é um oráculo
vigiando a minha impaciência
tudo é calmo e claro:
do comboio eu sou o movimento

recosto-me no capim
apoiando o pensamento no voo das aves
a urgência baliza o meu olhar
ciente da minha paixão pelas imagens
às quais sou paralela
ou melhor, plena
a paz é voz e manto
nesta tarde que finda
em madrid
somos do tamanho do vento
ao menos, devoramos o vácuo,
a espera, a flor do asfalto,
quão suave a hora
em linha ao horizonte
quanta repetição dentro
deste meu mundo
mais fundura
onde os átomos queimam vivos
e o sono é torturado,
– quem comanda o corpo?

nesta tarde
o sol adentra
pelos meus poros
me embala
me ensina a parar

é tão bom não ter fala
nosso corpo todo ouvidos
nossa roupa sempre outra

o sol dá sinais
do outro lado a
morte

a
navegação para o nada
a
curvatura do desejo

a
prender
a
largar

perdi a conta às estradas
às rotas de volta às raízes
cirando no fogo
mestre das águas
aceno às outras
aos alguéns
que fora
neste ocaso
vocalizo
à tona
respiração
anoitece
em marcha sossegada para dentro

os pés pisam a erva
e o meu olhar se espraia
num tempo dobrando o tempo
sou uma criança que perscruta
a pulsação do ínfimo
agrego-me multiplico-me
à agitação dos animais e das crianças
caio de amores pelo indizível
aproprio-me da fragrância das flores
e parto em busca do vento
que me traga de novo
a esta imagem
que eu sei de cor

esparzo os meus sentidos
aos ventos de porto rico
sussurro mantras aos pássaros
sou levada para latitudes
aonde o sol ainda não chegou
quanta sabedoria guardam os pássaros?
tudo foi sempre uma fronteira
uma maneira de encerrar o som e o sentido
partimos as asas às palavras
somos uma questão de lugares

em split os homens emigram
sem sair do lugar
infinito é flutuar
como aquela ave
vagueio
sem segundas intenções

sou o sopro dos manglares
que não sossega
em mim
há lábios azuis
que dizem o nome
dos lugares que ecoam
na fundura dos poemas
se não fosse o prurido da tarde
eu não existiria
visto-me de maresia
e sou produto do ocaso

o azul das tardes
remonta ao oriente
dum pensamento
sou toda escuta e visão
a minha cabeça é um cosmos
dos olhos escorrem-me
possíveis sinais de infinito
não quero ser excelsa
mas transbordam em mim
as cores que ainda não vemos
ainda assim pressentimos
estou no meio dos homens
– sou o silêncio

POSFÁCIO

O que é a poesia, nos seus diversos andamentos enunciativos e na sua matéria verbal, senão aquela música do pensamento (George Steiner) pela qual se cristalizam, na sua expressão mais pura, as marcas da subjetividade?

No caso dos poemas de Sandra Santos, cujos versos revelam a escrupulosa evidência de uma dicção pautada por uma preciosa economia formal de recursos[1] a compasso com uma notória espessura intimista, a subjetividade revela-se em múltiplas declinações. Na riqueza dos caminhos de sentir e de pensar que nela se percorrem, ser-me-ia, como se compreenderá sem custo, pouco menos do que impossível neste breve posfácio decantar a essência (se de essência se pode falar) dessa subjetividade. Disseminada por vários focos estéticos – sem que nenhum, em rigor, se torne num operador obsessivo –, é materializada por versos descomplicados e perfeitos na maneira como regem as pausas.

Entre esses focos estéticos, para mencionarmos alguns exemplos concretos, temos a ideia da poesia um tanto como pedestal da morte, sem deslizar na forma mais extrema do epitáfio ("há morte muita morte / nos gestos / no ventre / na fundura / que não alcanço / [...]"); ou então a ênfase conce-

1 Os versos, de um modo geral, são curtos, o campo lexical, bem circunscrito, obedece a uma sábia exploração semântico-estilística, a pontuação é escassa, decerto porque redundante para com a expressividade das palavras-imagem, etc.

dida à problemática das "pulsões" e, por extensão, do corpo, que em poesia costuma ser o lugar marcante de cicatrizes visíveis ("[...] / o corpo é o caudal / nas minhas mãos / as fissuras", "[...] / o homem que sonha / extravasa as costuras / resvala sobre outro corpo / [...]", "os corpos se atraem / antes de qualquer sabedoria / os sentidos se apuram / [...]"); ou ainda aquele tópico tematicamente resumível como *espaço da casa*, circunscrito à parte I do livro, e na órbita do qual a subjetividade gravita em belíssimos poemas, dados à contemplação breve de objetos e lugares.

E o tópico do espaço da casa merece algum relevo, na justa medida em que é indicativo da maneira como, em Sandra Santos, a realidade empírica se articula com as realidades impossíveis de ver a olho nu (algo como uma trans-ascendência, se se quiser). Pese embora se refira a uma realidade habitacional indistinta, o mesmo é dizer, tão banal quanto o pode ser uma morad(i)a situada numa aldeia, no meio de tantas outras, essa banalidade, porém, não dá azo ao desalento de uma neutralidade cinzenta. Bem pelo contrário, é, dir-se-ia, o ponto de ancoragem (um dos pontos, na verdade), em perfeita consonância com a lógica intimista do discurso, de um notório investimento semântico-afetivo. Pensa-se na casa como aquele espaço de origem inalienável. Um recôndito privilegiado de intensidades pressentidas, um território multiplicador de ressonâncias, todas elas configuradoras de uma voz poética próxima da lucidez de um demiurgo.

Significa isto, entre outras coisas, que a contiguidade do real do espaço habitacional e afins se faz, nos versos de Sandra Santos, em boa parte por acumulação de memórias avulsas e extremamente legíveis na sua melancolia vaga ou no seu onirismo inquietante. A realidade da casa (o limitado) é assim como que um traço de união a solicitar outros universos (o ilimitado), com os quais se confunde. Razão pela qual o ambiente doméstico se afigura propício à materialização de passagens intangíveis, volvendo-se, como se de um filtro representacional a esbater-se perante a pregnância do íntimo se tratasse, em baliza "pessoal e intransferível". Senão veja-se:

> uma aldeia por entre a névoa
> da madrugada
> a luz do poste elétrico
> fundida
> diante da paisagem
> repouso o meu peito
> espreitando à janela
> as figurações
> dum quase morte em chama
> do que ainda tem pulsação
> à procura do que é seu
> ou dum alguém
> (difuso
> etéreo)
> só pó
> só recordação

E eis também porque na sua aldeia, o território de si mesma, a autora, com o seu quê de telúrico, se reencontra (e "Todo o encontro é a dicção de um silêncio",[2] como diria, em *Quando o Inexorável*, António Ramos Rosa). Leia-se:

2 Mas "[...] / será que acedemos / ao avesso do silêncio?", questiona a autora no final de um belo poema.

luzinhas brilham intermitentes na noite
sinalizam a solidão
dessa aldeia pessoal e intransferível
quantos milénios foram precisos
para acharmos o nosso lugar
o pedaço da terra que é nosso por inteiro?
lá
habitamos uma casa
com grandes sacadas
para outras casas

Não é ocioso afirmar que, em geral, nos poemas de Sandra Santos, as marcas da subjetividade se perfazem por um certo alheamento natural dos sentidos. O que é muito típico de uma voz reflexiva da sua materialidade. Todavia, convirá observar que os devaneios mentais, as momentâneas sensações profundas, as intuições fugidias, a fragmentação dos dias e das horas, etc., tudo isso não é tanto que suponha a suspensão empírica do real e ceda inteiramente terreno ao metafísico ou ao verso em modalidade onírica. Para que a intimidade ganhe fôlego, ou melhor, consistência, condição porventura essencial ao resgate da fundura que nela se aloja, forçoso é, dir-se-ia, que se acantone debaixo das paragens imediatas de um *locus* reconhecível.

Eis, muito provavelmente, o que confere ao livro a sua atmosfera de insulamento, definível como espécie de pequena coleção de temas e objetos suscetíveis de consubstanciarem o foro interior de uma certa totalidade existencial. Neste sentido, as formas espacializadas (como o *corredor*, esse túnel sem fim de uma noite por resgatar) assumem contornos dinâmicos, que é o de parecerem inscrever-se no desdobramento de um espaço a abrir-se noutros. E tal como as portas se encerram depois de os últimos visitantes de um museu entrarem, também aqui, como se estivéssemos num museu imaginário, as imagens físicas dos espaços externos desvanecem-se logo que delas se faça sentir o apelo abstrato dos sentidos interiores. Estamos, enfim, diante de factuais empíricos em articulação com fluxos etéreos; e, em consequência, perante uma estética de compromisso com o concreto e do qual se afasta somente o suficiente para se dar a ver como memória íntima ("mergulho na memória / como um falcão na noite / [...]", pode ler-se a certa altura) – ordem ontológica, dir-se-á também.

Não surpreende, nessa medida, a deliberada vontade de a autora se reivindicar do real, ostentando desejo de no mundo viver, desinibida e energicamente, uma plenitude lírica: "a minha obra quer morar no real / intervalando na magia / a minha obra quer penetrar o mundo / delicadamente / perguntar se a reconhecem / oriunda de longe / como as águas e os ventos / [...]".

Ora, como sabemos, habitar o real exige colocar-se sob os auspícios de quem o lê por via direta ou representacional, como é o caso da poesia. Ou, nas palavras da autora: "[...] / recriando o modo de olhar / o outro-eu / [...]". O que aqui temos é não só a poesia na posição de observadora de si mesma (objeto em 2.º grau), como também, e talvez sobretudo, a poesia a autodefinir-se como manifestação vital de uma ambição sem fim: recriar a realidade, (re)perspetivando-a sob o ângulo de um interior (quase) absoluto. Numa palavra, aos poemas cumpre exercer uma das mais nobres funções da linguagem: criar coisas e fazer mundos. E não há, convenhamos, melhor forma de apreender a complexidade do mundo do que reescrevê-lo.

Como é de presumir, essa será, em bom rigor, a vontade – talvez fosse melhor escrever: a utopia – de todo o poeta nas suas mais altas realizações (mesmo dos que se dizem marginais às tribos maioritárias e indiferentes à complexa rede de reações e expectativas adstritas ao campo literário). Certamente. Mas não é poeta quem quer. E quando o verso é, deste modo, chamado a fazer-se porta-voz de tudo o que o rodeia, dele se espera, entre outros conseguimentos poéticos, uma *découpage* particular, vale dizer, criação originária, como se cada poema fosse (ou pudesse ser) uma reactualização da cena primordial da linguagem. E na poesia de Sandra Santos, sejamos claros, sobressai um vigor poético sem esmorecimentos, visível em poemas magníficos como este:

a vénus faz dançar as labaredas
sobre o corpo amado
a vénus faz reverberar as ervas
e espraiar o espanto
a vénus faz parecer simples
amar
a vénus funda uma alegoria
de vida após vida
– o que pode uma vénus
rodeada pelo (próprio) fogo?
ninguém sabe
mas o desejo sempre inventa
um porto
onde ancoram muitos barcos
milhares de almas

Mais, muito mais, haveria para dizer desta poesia depurada e sem versos, ao inverso do que infelizmente sucede em muitos autores recentes, a arrastarem-se para a inépcia; uma poesia que, por conseguinte, não deve nada à futilidade dos acasos e que, em certos momentos impressivos, parece refletir, sobretudo pela sua conceção do poético enquanto eufemização, a presença maior e tutelar de um Eugénio de Andrade ou a ascendência literária de um Ramos Rosa (até porque um verso é sempre um verso de um verso).[3] Muito embora, diga-se, a estimável lição de um e outro não seja parentesco ou alçada legitimadora a ofuscar a singularidade da irradiação poética da autora. Sandra Santos escreve superiormente poesia e é notadamente capaz de reter na sua rede expressiva a fluidez de uma grande força estética.

Fiquemo-nos, pois, pela convicção de que não é preciso dispor de especial clarividência hermenêutica para se perceber que nesta escritora, em especial no modo como a sua subjetividade se torna infinitamente regulável pelo belo em momentos de perfeição e fluência, habita aquela fulgurância da respiração verbal que dá pelo nome de Poesia – ou, se se preferir, o Arcanjo da Linguagem.

Sérgio Guimarães de Sousa
(Universidade do Minho)

3 Desde logo, pela forma como rejeita a tentação de laivos irónicos ou paródicos bem como a plebeização, mas sobretudo pelas constrições da forma, pelo pudor do verso, visível, entre outros aspetos, no consenso estético da limpidez de certas imagens e de alguns jogos metafóricos, que a tornam verosímil na sua beleza, sem esquecer o facto não despiciendo de se tratar de uma poesia bastante desculturalizada e de muita sensibilidade. Também poderíamos aqui evocar sem dificuldade, embora por distintas razões, a obra de Herberto Helder.

ÍNDICE

I

uma aldeia por entre a névoa 9
luzinhas brilham intermitentes na noite 10
um grande corredor 11
o bicho da madeira 12
só 13
quem me deixou ao relento 14
há morte muita morte 15
mergulho na memória 16

II

nesta manhã de domingo 19
talvez a dança 20
hoje 22
cientes do belo 23
na paragem de autocarro 24
naquele convento 25
ser um buscador 26
ousara ser simples 27
a minha obra quer morar no real 28

III

volta um pensamento de amor 31
os corpos se atraem 32
a morte é a essência do perfume 33
o rouge do seu batom me inquieta 34
a vénus faz dançar as labaredas 35

ouço o alarme do farol 36
as sereias sussurram uma melodia 37
horizontal 38
deito-me 39
tudo é indecifrável 40

IV
após a negritude 43
de vagão em vagão 44
as paisagens canadenses 45
recosto-me no capim 46
nesta tarde 47
perdi a conta às estradas 48
os pés pisam a erva 49
esparzo os meus sentidos 50
em split os homens emigram 51
sou o sopro dos manglares 52
o azul das tardes 53

Posfácio 55

EN SILENCIO

EN SILENCIO

Sandra Santos

Poesía

Traducción
Mario Rodríguez García

1ª edición, 2021 / Lisboa / São Paulo

LARANJA ● ORIGINAL

www.laranjaoriginal.com.br

Edição Filipe Moreau
Design Marcelo Girard e Javier Chavelas
Produção executiva Bruna Lima
Diagramação IMG3

DL: 488706/21

Dados Internacionais de Catalogação na Publicação (CIP)
(Câmara Brasileira do Livro, SP, Brasil)

Santos, Sandra
Silente : poesia / Sandra Santos ; [tradução Mario Rodríguez García]. – 1. ed. – São Paulo : Editora Laranja Original, 2021.
Título original: Silente
ISBN 978-65-86042-17-7
1. Poesia portuguesa I. Título.
21-68230 CDD-869.1
Índices para catálogo sistemático:
1. Poesia : Literatura portuguesa 869.1
Maria Alice Ferreira - Bibliotecária - CRB-8/7964

Laranja Original Editora e Produtora Eireli
Rua Capote Valente, 1198
05409-003 São Paulo SP
Tel. 11 3062-3040
contato@laranjaoriginal.com.br

I

una aldea entre la niebla
de madrugada
la luz de la farola
disuelta
ante el paisaje
apoyo mi pecho
espiando por la ventana
la imagen
de la muerte próxima y cálida
de lo que aún tiene pulso
en busca de lo que es suyo
o de alguien
(difuso
etéreo)
solo polvo
solo memoria

lucecitas titilan en la noche
marcan la soledad
de esta aldea personal e intransferible
¿cuántos milenios fueron precisos
para encontrar nuestro lugar
el pedazo de tierra que nos pertenece?
allí
habitamos una casa
con grandes balcones
abiertos a otras casas

un gran corredor
atraviesa la casa
sin pisadas
sin voces
sin la familia
en este túnel
la noche y el cuerpo
lo que está prohibido
en la imagen
en el recuerdo de la imagen
en el olvido de la imagen
un gran vacío
se apodera del habla
pero en un instante
la palabra ocupa
prolonga
la nada

la carcoma
corroe en el silencio
de la familia

sola
con mi propio murmullo

¿quién me dejó al relente
con solo dos años?
la memoria derrama
amor sobre las heridas
¿quién me enseñó a soñar?
de dónde la voz que me dice
que llevo en el vientre
un niño muerto
a quiénes aluden los ancestros
con su ofrenda
al menos un poco de paz
un puño contra el pecho
el tránsito de los años
con un pie en la infancia
y otro en el futuro

hay muerte mucha muerte
en los gestos
en el vientre
en lo hondo
que no alcanzo
porque me detengo quebrada
sobre la infancia
todos los días
recuerdo el verano
combatimos siempre
donde desertamos
el cuerpo es el caudal
en mis manos
las grietas

buceo en la memoria
como un halcón en la noche
estoy en la cama
protegida del mundo
y fuera de la casa
sopla un viento negro
tan negro
que se camufla con el bosque
(con los mismos hombres)
la muerte mansa
y envuelta en las sábanas
tarareo una canción
para fijarlo
en las etapas del sueño
donde un punto de luz
espera
inquieto
el nuevo día

II

en esta mañana de domingo
hay hilos de oro
que cruzan mis ojos
todavía adormilados
al esqueleto del sábado
hoy se alimenta de dios
por todas sus bocas
se escucha un canto
que afirma mis pasos
acaso tímidos
caminando más allá
de este mismo día

tal vez la danza nos devuelva los pasos que retrocedimos
y el mundo silencie mundos
en esta casa
la ventana se excita
con lo que guarda dentro
nos miramos y ya somos otros

¿quién dijo que seríamos harina y pócima?
el escenario es la afirmación de tu cuerpo
sobre tu cuerpo
en cada gesto
el aire está lleno de sí mismo
lustramos la noche para inventar
el contacto
armadura que ya no encaja
y solo las estrellas preguntan tu nombre

me tumbo al sol
y doro mi cabello
toda la piel se ablanda
y mis pies se buscan
esta tarde de verano

la cara enjuta guarda memoria
docilidad
allá afuera
los hombres trabajan la pérdida
ellos sabrán por qué
ejercitar la liturgia de los caminos

en este atardecer
la pluma es una flecha
que señala el presente
y ya dentro
todo cambió

hoy
la voz no quiere nada
más grande que el poema
hoy
la voz está sola
entre la multitud

a lo largo del camino vigilamos:
– quién viene a lo lejos?
socráticos son los métodos de los poetas
o de quien espera
la abundancia en lugar de fuego
primero en la fuente
por último en la noche

sin rimas ¿de qué viviría
la sublimación
la repetición?

conscientes de la belleza
somos pasajeros
no vamos solos

en la estación de autobuses
escribimos versos
entendemos misterios
más intenso
el caminar
la creación interior
alternando sueño e intuición
cuanta familiaridad en la hoja
en la palma de la mano
los seres también saltan
de pregunta en pregunta
¿es la Historia más poderosa que el ahora?
¿es la Historia más poderosa que esta historia?

en aquel convento
varias voces entonaban liras
¿seremos capaces de intuir
el alcance de su canto?
muchas historias nos preceden
y al violín le incumbe la precisión
crecer en cada nota
– coraza que rinde la sonrisa
de quien lanzó la llave
al infinito
varias miradas atentas:
¿es posible alcanzar
los abismos del silencio?

ser un buscador
cuando hay necesidad
hay vida
en la búsqueda de lo que le es debido
por derecho   tiembla la luz de otros tiempos
la belleza también duele los ojos
de quien duerme
¿osaré saber lo que sueña?
todo mi cuerpo lo percibe
mis sentidos libres
se remontan
– cada creador es un cazador

quise ser sencilla
como el viento
que acaricia los árboles
y los agita con dulzura
insondable es
su movimiento
visto de fuera
quizá yo habite
en su tronco
y me transforme
sin saberlo
y asista al vuelo de las avispas
al apareamiento de las luciérnagas
a la maternidad del nido
al prodigio del color
al vuelo sin regreso
a la belleza sola

mis actos quieren sus pies en el suelo
con intervalos de magia
mis actos quieren penetrar el mundo
con delicadeza
preguntar si reconocen
su procedencia lejana
como las aguas y los vientos
el sabor de las palabras
la justicia
lo eterno
mis actos quieren provocar conflicto
en los hombres
indagar la forma en que ven
los otros
mis actos quieren mantener
verticales los sentidos
los sigilos del poeta
mis actos quieren lo que todos quieren:
tu atención
por eso
me refugio
en una hoja expuesta al sol
soy apenas lo que la poesía quiera
que yo sea

III

vuelve un pensamiento de amor
al corazón cansado
en un cuerpo que no recuerda
su eternidad
el hombre que sueña
rebasa las costuras
se derrama sobre otro cuerpo
sutura e indaga
es el viento
camina hasta creer
e inventa la belleza,
vuelve un pensamiento de amor
que afirma en la cumbre
el nombre que damos a las cosas
oscuro y definitivo
al margen de lo que sospechamos
que es aún más hermoso

los cuerpos se atraen
al margen de cualquier saber
los sentidos se preparan
para el gran amanecer
pero la mente traiciona
y el miedo confunde
todo y cualquier intuición de amor
somos más pequeños
no nos atrevemos
ante el abismo
las máscaras no permiten volar

la muerte es la esencia del perfume
que te pones cada mañana
en las muñecas y el cuello
dejando que se demore y se esparza
la muerte desfila
caprichosa
tras sus gafas oscuras
el secreto y la proclama
– quien te viera de cerca sabría
que la muerte
enmascara tu alma,
aquel día
precisamente
tú pasabas por la calle
y la sombra
goteaba
una luz
cada
vez
más
densa
e inmortal

el color de tu carmín me inquieta
no hay noche en que no te piense
es un error estético
que te puedan leer a la luz
del sentimiento

nadie puede negar
la ternura
el escozor de viajar en soledad
nadie debe más que invocar
a la muerte trepando a un faro
a una mujer imaginando
varias vidas
nadie quiere anclar
una nave
en su pecho

tu rostro se refleja
en la palabra
– el origen de su aspecto
tu rostro es ya
la otra cara del enigma

la sombra de tu mano
desvela
una luz grotesca
como cuando hablamos
y todas las caras
se ruborizan
al descubrirla

venus hace bailar las llamas
sobre el cuerpo amado
venus reverbera las hierbas
y esparce el asombro
venus hace que parezca fácil
amar
venus inventa una alegoría
de vida después de la vida
– qué podría una venus
rodeada por (su propio) fuego?
nadie lo sabe
pero el deseo siempre inventa
un puerto
donde anclan muchos barcos
miles de almas

escucho el clamor de los faros
en una parte de mí
que aún es silencio
me cubro de niebla
y escondo el mural
de muchos mundos
en otra parte de mí
ya vacilante

hago gestos a contraluz
y por la espalda
alguien me toca
(el que se va siempre acecha volver
en sueños)
¿quién eres tú que te alejas en el barco?
– soy tu sombra

mutilo las manos y gotea
un líquido celeste
que altera el espacio-tiempo
los pies se evaporan
y todo lo demás es éter
disolución

las sirenas susurran una melodía
a través de las olas
¿cómo escucharlas en medio del océano?
todas las frases contienen sentencias
no renuncio a las dificultades
– ¿me ves?
soy el deseo desvaneciéndome
entre tus dedos

horizontal
donde la claridad es más grande que yo
¿a qué cosmos pertenezco?

el mundo es la mente ampliada

no consigo respirar
no lo necesito
soy vibro siento lo sé

el silencio es la respiración

¿cómo dejar de ver
espejos?
ahora lo sé: claro oscuro

entre las palabras
¿cuántos silencios
se alejan?

sé, hoy sé, que no hay velos
claro claro claro
me despido
me sumerjo

me tumbo
me disuelvo
hasta confundirme
con la oscuridad
todo astro deja un rastro
imposible de borrar
agito los restos para el poema
y los mezclo
perdiendo el pulso al futuro
quisiera un día ser el fósil
que no se sabe si fue cabeza
o corazón
o ambos

todo es indescifrable
aunque solo quedara una piedra
para atestiguar el latido de la tierra

IV

después de la tiniebla
ya nada importa
queda la carne de hoy
[las muertes
en partes
mías]
centellean puntos
geográficamente
vivos
el río avanza
por mis delgadas costillas
los campos mueren
lo sagrado mengua
los mismos lugares
son todo lo que tenemos

de vagón en vagón
lo purpura penetra en nosotros
a lo lejos
las nubes parecen montañas
cuántas casas cuántas cosas
ni siquiera el poema sabe explicar
a lo oculto lo oculto
los viejos juegan
los niños maduran
en el útero de la tierra
siento el despertar en mí

el paisaje canadiense
es nítido
como el pensamiento de los viajeros
de este viaje oporto-barcelos
la partida es un oráculo
atento a mi impaciencia
todo está en calma:
de este tren yo soy el movimiento

me recuesto en la hierba
apoyando el pensamiento en el vuelo de los pájaros
la urgencia limita mi mirada
consciente de mi fervor por las imágenes
a las que soy paralela
o mejor dicho, completa
la paz es voz y manto
en esta tarde que termina
en madrid
somos del tamaño del viento
al menos devoramos el vacío,
la espera, la flor del asfalto,
qué suave es la hora
en línea con el horizonte
cuánta repetición dentro
de mi mundo
más profundidad
donde los átomos arden vivaces
y se tortura el sueño,
– ¿quién controla el cuerpo?

esta tarde
el sol entra
por mis poros
me acuna
me ayuda a parar

es tan bueno no hablar
nuestro cuerpo todo oídos
nuestra ropa siempre otra

el sol da señales
del otro lado la
muerte

la
navegación a la nada
la
curvatura del deseo

a
prender
a
largar

perdí la cuenta de los caminos
las rutas de regreso a las raíces
oscilando en el fuego
maestra de las aguas
saludo a las otras
a las alguienes
que fuera
en este ocaso
vocalizo
acompaso
respiración
anochece
en marcha tranquila hacia dentro

los pies pisan la hierba
y mi mirar se expande
en un tiempo que esquina al tiempo
soy una niña que atiende
el pulso de lo ínfimo
me sumo me multiplico
a la inquietud de animales y niños
me enamoro de lo indescifrable
me apropio de la fragancia de las flores
y parto en busca del viento
que me devuelva otra vez
a esta imagen
que conozco de memoria

esparzo mis sentidos
a los vientos de puerto rico
susurro mantras a los pájaros
me dejo llevar a latitudes
a las que aún no llegó el sol
¿cuánto saben los pájaros?
todo fue siempre una frontera
una manera de encerrar el sonido y el sentido
cortamos las alas a las palabras
no somos más que dónde estamos

en split los hombres emigran
sin salir del lugar
el infinito está flotando
como aquel ave
vago
sin segundas intenciones

soy la brisa de los manglares
que no calma
en mí
hay labios azules
que nombran
los lugares que repiten
en los abismos de los poemas
si no fuese el recalmón de la tarde
yo no existiría
me disfrazo de marejada
y soy producto del ocaso

el azul de las tardes
remonta al oriente
de un pensamiento
permanezco atenta
mi cabeza es un cosmos
de los ojos me resbalan
posibles señales del infinito
no quiero ser importante
pero me atraviesan
los colores que no vemos
aunque los intuyamos
habito entre los hombres
– soy el silencio

POSFACIO

Las buenas obras literarias no son las que solo cuentan cosas, sino aquellas que en su transcurso permiten a sus protagonistas sufrir o gozar modificaciones, cambios, crecimientos o rupturas. Lo mejor de todo se produce cuando esos cambios se ven sometidos a elementos naturales, quiero decir, elementos que nos rodean, aunque supongan circunstancias excepcionales. No se necesita recurrir a magias inesperadas que con su sorpresa reconduzcan los finales, las alteraciones de la trama y de los protagonistas.

En Silencio, de Sandra Santos, cumple todos los requisitos. Es un poemario que cuenta una historia. Sus poemas mantienen un orden imprescindible, sus versos juegan con elementos que se repiten para jugar a juegos diferentes en cada ocasión.

El libro está dividido en cuatro partes y cada una tiene su significación precisa. Cada parte tiene sus propios elementos y se suceden como evolución.

Traducir los poemas de Sandra es un trabajo difícil. El traductor que no es profesional, como es mi caso, pero sí tiene inquietudes literarias, intenta aportar su toque, su impronta y, a veces salta la literalidad en función de la estética o de la semántica. Pero Sandra está atenta para que su trabajo sufra lo menos posible.

La elección de las palabras, del vocabulario de cada verso ha cruzado una travesía llena de posibilidades hasta que la escritora ha decidido la que marca el camino. Por eso,

en cada fase de la traducción, Sandra indagaba otras posibilidades, buscaba más literalidad, quería estar segura de que los significados traducidos no se alejaban de su arquitectura lírica.

Han sido días de búsqueda, de retorcer palabras y recomponer frases, versos, estrofas, poemas completos. Todo para que el silencio de Sandra Santos hablara con una locuacidad nítida.

El silencio. Los poemas de este libro se deslizan entre el silencio. Un silencio inicial y un silencio culmen. De él se parte y a él se llega.

En el sinuoso camino que traza el poemario, Sandra comienza desde un silencio voluminoso, un silencio que pesa en la decadencia, en la familia que permanece sin palabras a pesar de la carcoma o que se carcome por falta de palabras. Elementos como el territorio, la casa, los habitáculos de la casa, determinan el lugar en el mundo donde cada persona merece estar, el lugar que cada persona es. La integración de lo humano con el paisaje y con la tierra juega un vínculo importante en el poemario.

En la primera parte, el peso de la herencia, la costumbre hecha silencio, la mirada puesta en las culpas que flotan como pavesas en la noche crean la sensación de derrumbe. Ni siquiera una palabra que pueda romper el silencio posee la capacidad de eludir el desastre.

Sin embargo, aparece un punto de luz, tal vez ese brillo, ese fulgor que las propias pavesas regalan, y abre una puerta a la esperanza. Afrontar lo establecido, el encuentro frente al silencio, la voz como arma y herramienta, aunque proceda de un susurro, de un cántico lejano, se muestra como un camino por el que empezar la andadura.

En la segunda parte del poemario, la luz aparece, como guía. Y la palabra. La que nombra, la que parte de sonido de la naturaleza, del viento en los árboles, de lo que crece al sentirse dicho.

La palabra sonora como nota de música, la directora como instrumento solista, la que da sentido a la belleza y a la poesía.

Y entonces se inicia el camino del amor, el que enlaza los cuerpos y los conforma. Una nube de erotismo ilumina el camino trazado por Sandra en sus poemas. Un camino que alcanza a la mujer como luz (otra vez), como elemento capaz de enfrentar a la muerte.

La luz, la palabra y la mujer o el amor son portadores de salvación. La luz con que se inició esta parte brilla ahora como un resplandor.

En la tercera parte, los cuerpos se acoplan. La muerte es amenaza, pero hay armas con que vencerla. La voz es el foco que desvela la vergüenza, el dolor de la soledad. Venus, otro símbolo de la mujer, otra imagen del deseo, es quien da calor en el encuentro erótico, en la danza amorosa de los cuerpos. Luz es ahora clamor de faros, irradiación hacia lo que parecía inmutable. La luz incapaz de existir sin la sombra que provoca.

Quizá lo más importante sea la constatación de que el encuentro de los cuerpos permanece más allá del tiempo, ignorante de su papel en la pervivencia, aunque solo lo haga como testimonio o marca en la piedra (el territorio otra vez).

Termina el libro con una vuelta a la tierra, al lugar que se ocupa. Lo hace con la consistencia de la carne, con la consciencia de ser motor y fuerza. La multiplicación es la

victoria de lo sensual, una multiplicación de la voz, de la palabra. Una recreación de la vida. La consistencia de todos los elementos se convierte en la señal de la vida, en el conocimiento y la intuición de que todo, al fin y al cabo, termina, como empezó, en el silencio.

Sandra Santos realiza un viaje providencial y redondo. Sus imágenes tan hermosas de la luz, el fuego, el agua, el viento, la tierra, rememoran todos los elementos de la cultura griega. Deja guiños a escritores como Wallace Stevens o Ramos Rosa. Vincula la personalidad, el crecimiento y el amor con la naturaleza, como Whitman.

Ha sido un placer que me permitiera participar en la traducción de un libro tan bello: *En Silencio*.

Mario Rodríguez García

ÍNDICE

I

una aldea entre la niebla 9
lucecitas titilan en la noche 10
un gran corredor 11
la carcoma 12
sola 13
quién me dejó al relente 14
hay muerte mucha muerte 15
buceo en la memoria 16

II

en esta mañana de domingo 19
tal vez la danza 20
hoy 22
conscientes de la belleza 23
en la estación de autobuses 24
en aquel convento 25
ser un buscador 26
quise ser sencilla 27
mis actos quieren sus pies en el suelo 28

III

vuelve un pensamiento de amor 31
los cuerpos se atraen 32
la muerte es la esencia del perfume 33
el color de tu carmín me inquieta 34
venus hace bailar las llamas 35

escucho el clamor de los faros 36
las sirenas susurran una melodía 37
horizontal 38
me tumbo 39
todo es indescifrable 40

IV
después de la tiniebla 43
de vagón en vagón 44
el paisaje canadiense 45
me recuesto en la hierba 46
esta tarde 47
perdí la cuenta de los caminos 48
los pies pisan la hierba 49
esparzo mis sentidos 50
en split los hombres emigran 51
soy la brisa de los manglares 52
el azul de las tardes 53

Posfacio 55

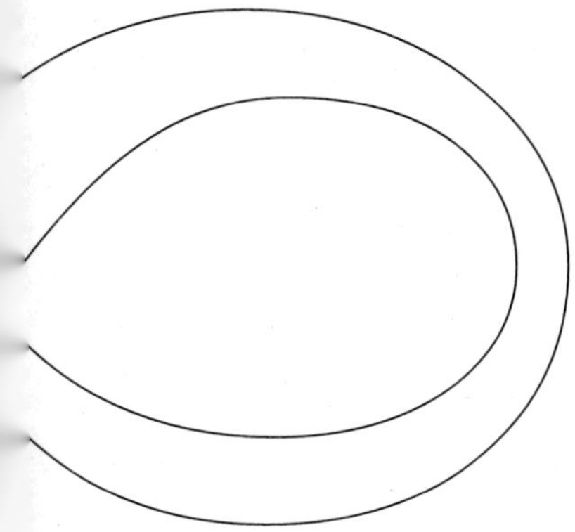